Margarete Schmid

W0417815

Theologen der Gegenwart im Gespräch mit der modernen Literatur

XLIV

EDITION CARDO

Studien des Patristischen Zentrums KOINONIA - ORIENS
Herausgegeben von Wilhelm Nyssen und Michael Schneider
Band XLIV

Die Deutsche Bibliothek - CIP Einheitsaufnahme

Schmid, Margarete
Theologen der Gegenwart im Gespräch mit der modernen Literatur /
Margarete Schmid - Köln:
Patristisches Zentrum Koinonia - Oriens e.V., 2000
(Edition Cardo; Bd. 44)

ISBN 3-933001-40-4

© by Koinonia-Oriens e.V., Köln - 2000

INHALTSVERZEICHNIS

Theologen der Gegenwart im Gespräch mit der modernen Literatur

In meinem Beitrag möchte ich die mosaiksteinartige Fülle von Eindrücken, Reflexionen und auch persönlichen Erlebnissen zu dem Themenbereich Theologie und Literatur so komprimieren und selektieren, daß ein Durchblick vom Beginn der 20er- bis in die 60er Jahre hinein möglich wird, ohne darauf zu verzichten, hin und wieder einen Stein ganz sorgfältig betrachtend in seinen Kontext zu setzen, interessante und kritische Details aufzugreifen. Den Beginn setze ich bei den 20er Jahren an, weil damals m.E. erstmals im deutschen Sprachraum eine bewußte Beziehung zwischen Theologen und Dichtern, zwischen Theologie und Literatur entstanden ist.

Diesen Prozeß stelle ich an vier der bedeutendsten Theologen dieses Jahrhunderts vor, die Autoren und Anreger und Begleiter dieses Gesprächs waren, indem sie eine neugierige, durchaus auch selbstbewußte, aufnahmebereite und kritische dialogische Haltung in Wort und Schrift eingenommen haben. Er hat sich weitgehend außerhalb des universitären Bereichs abgespielt, weil zu solch kreativer Begegnung andere Räume notwendig sind. Die unterschiedliche Ausführlichkeit meiner Beschäftigung mit den einzelnen Gestalten bedeutet nicht größere oder geringere Wert- und Einschätzung.

»Als Guardini im Sommersemester 1923 nach Berlin kam, damals nach New York und London die drittgrößte Stadt der Welt, geriet er in die widersprüchlichen und aufregenden 'goldenen' 20er Jahre. Man nennt es das goldene und das korrupte, das mythische und das hektische, das zukunftsträchtige und das tolle, das freiheitliche und das anarchische Jahrzehnt. In ihm feierte die Wissenschaft Triumphe, fanden Putsche und Straßenschlachten statt, blühten Kunst, Literatur und Korruption, waren Hunger und Reichtum, Arbeitslosigkeit und großer Idealismus zu Hause. Die einen sprachen von nun erreichter Freiheit des Denkens, die anderen vom Chaos der Reformideen, von denen kaum eine verwirklicht wurde und die ihrer schillernden Art wegen den Boden für das kommende Verhängnis bereitet haben... In der Stadt der 127 Zeitungen, des Rundfunks, des Theaters und Films, der Operettenuraufführungen, des Chansons und Kabaretts wurden alle geistigen und politischen Strömungen auf verhältnismäßig engem Raum wahrnehmbar.«[1] Das war eine Sicht. Es gab auch eine andere.

1922 schrieb Romano Guardini das prophetische Wort »Die Kirche erwacht in den Seelen.«[2] Das bewahrheitete sich auf eine unerwartete Weise. Neues[3] ist aus der Mitte der Kirche herausgewachsen: Jugendbewegungen entstanden, deren nicht ungestörter Wachstumsprozeß durch ein tieferes Erfassen des Christusereignisses, der Hl. Schrift, der Liturgie, aber auch des Lebensraumes von Natur und Kultur unglaublich rasch vor sich gegangen ist. Hier waren Persönlichkeiten am Werk und bestimmte Begegnungsorte von Bedeutung.[4] Für Deutschland

---

1 S.-E.Szydzik, zit. bei H.-B.Gerl, Romano Guardini 1885-1968. Leben und Werk, Mainz 1985, 277.

2 Vgl. R.Guardini, Vom Sinn der Kirche. 5 Vorträge, Mainz 1922. Der Titel des 1. Vortrages ist »Das Erwachen der Kirche in der Seele«.

3 Die Zeit nach dem Ersten Weltkrieg bis Mitte der 20er Jahre bezeichnete man als »Wende«, auch als »neuen Katholizismus«: vgl. E.Przywara, Katholische Krise. In Zusammenarbeit mit d.Verf. hg. und mit einem Nachwort versehen von B.Gertz, Düsseldorf 1967, 110, 96.

4 Vgl. ebd.: Es handelt sich um eine Aufsatzsammlung, aus der folgende Beiträge Przywaras für die Deutung der 20er und 30er Jahre sehr aufschlußreich sind: Verklärung oder Polarität (1924) 5-19, Katholizität (1925) 20-40, Die religiöse Krise in der Gegenwart und der Katholizismus (1925) 41-53, Liturgische Erneuerung (1930) 71-88, Der Ruf von heute (1930) 89-105, Die fünf Wenden - Eine Grundlegung (1930) 106-122, Corpus Christi mysticum - Eine Bilanz (1940) 123-152, Theologie der Kirche (1941) 153-166, Alter und neuer Katholizismus - Ekklesiologie (1941) 167-190 u.a.

seien als ältere Generationen zunächst Romano Guardini (1885-1968) und Erich Przywara SJ (1889-1972) und für die nachfolgende Hans Urs von Balthasar (1905-1988) und Karl Rahner SJ (1904-1984) genannt.
Wie kam es, daß diese Theologen angesichts der lähmenden innerkirchlichen Spannung von Modernismus und Integralismus, wenn auch nicht unangefochten, so doch ganz eingebunden in die kirchliche Tradition und die jeweils kirchliche Gegenwart, sich geistig zu solcher Eigenständigkeit entwickeln und nicht zuletzt dadurch die Ghettoisierung der Kirche überwinden konnten?
Damals wurden die Kirchenväter neu entdeckt, nicht nur Augustinus, auch Thomas von Aquin wurde neue verstanden und Kardinal Newmans Bedeutung - gegen Widerstände - erkannt. Die Auseinandersetzung mit Phänomenologie und Existenzphilosophie, auch mit Kant und dem Neukantianismus, wurde aufgenommen. Kierkegaard, Husserl, Scheler und Heidegger provozierten diese Theologen nicht zur Abwehr, sondern zum Dialog. Ein wichtiger Schritt geschah dadurch, daß Theologen und Verleger den Mut hatten, die theologische Quellenliteratur ins Deutsche zu übersetzen. Mehr als erwartet hat die katholische Intelligenz nach diesen Einweisungen in die Tradition gegriffen. Dadurch ergab sich eine außerordentliche Weitung des Horizontes, ein theologisches Qualitätsbewußtsein. Es entstand das Bedürfnis, den Glauben in Gruppen, in Begegnungen anläßlich institutionell werdender Veranstaltungen zu reflektieren, etwa auf der Burg Rothenfels, bei den Salzburger Hochschulwochen, um nur Beispiele zu nennen.
Die Katholische Aktion sah die Sendung der Kirche als ein Zusammenwirken des hierarchischen und des Laien-Elementes; Pius XI sprach von »Teilnahme und Mitarbeit« der Laien am hierarchischen Apostolat der Kirche, Pius XII. beließ es lieber

nur bei »Mitarbeit«.[5] Die Kirchengeschichte wurde mit den offenen Augen des Historikers betrachtet, der Heilige aus dem Kontext seiner Zeit und in seiner biographischen Entwicklung gesehen, ein Geschichtsbewußtsein, dem eine le Fort und ein Reinhold Schneider einerseits nahestanden, es aber durch eine metaphysische Dimension vertieften und dadurch Dichtung auch für Theologen attraktiv machten.

Ab der Mitte der 20er Jahre gab es mit einem Mal katholische Schriftsteller von Rang, die sich im literarischen Niveau durchaus behaupten konnten: Gertrud von le Fort vor allem, Werner Bergengruen, Reinhold Schneider, Edzard Schaper, Elisabeth Langgässer, ein Phänomen, wie es früher schon in Frankreich und in England aufgebrochen ist. Viele waren Konvertiten aus dem Protestantismus, auch die Norwegerin Sigrid Undset, ausgenommen die Franzosen, die man als gewachsene Katholiken (vor allem Georges Bernanos) und manche als Revertiten bezeichnen könnte (Paul Claudel mit seinem plötzlichen Bekehrungserlebnis). Martin Luthers Christologie muß wohl existentiell ein fruchtbarer Impuls gewesen sein. In vielen Werken steht paulinische Theologie der Macht in der Ohnmacht, der Kraft in der Schwäche im Hintergrund, die damals im protestantisch-theologischen Denken sehr wirksam war.

Die Motivationen zur Konversion sind, sofern eruierbar, von sehr unterschiedlichen und differenzierten komplexen Lebenszusammenhängen bestimmt. Alle wissen von dem großen Horizont »Sünde, Gnade und Erlösung«; in fast allen dieser »theologischen Romane«, wie sie auch manchmal genannt worden sind, ist die Kirche in ihren Sakramenten - vor allem Taufe, Eucharistie, Buße, Priestertum, Ehe - lebendig und das

---

[5] Vgl. zum Entstehungsprozeß E.Przywara a.a.O. Katholische Bewegung und Katholische Aktion (1929) 54-70.

christliche Leben bestimmend. Diese untereinander spirituell verbundenen, aber literarisch nicht einfach voneinander abhängigen Dichter/innen hatten eine rasch sich ausweitende Leserschaft angesprochen. Catholica non leguntur - das stimmte seit den 20er Jahren nicht mehr: Romano Guardini und Gertrud von le Fort etwa konnten sehr rasch die Schranken beseitigen. Beide wurden in immer höheren Auflagen und in zahlreichen Übersetzungen nicht nur in Europa gelesen. Umgekehrt erreichten etwa Paul Claudel, Georges Bernanos, Francois Mauriac, Sigrid Undset durch Übertragung ins Deutsche ein anspruchsvolles Publikum.

Es ist zu fragen: In welcher Weise haben die bereits genannten vier deutschsprachigen Theologen Romano Guardini, Erich Przywara, Hans Urs von Balthasar und Karl Rahner das Verhältnis von Theologie und Literatur beeinflußt, gedeutet und zum Teil mitgestaltet?

1. Romano Guardini

Wer ist Romano Guardini? Diese Frage wurde merkwürdigerweise schon gegen Ende seines Lebens kaum mehr gestellt, obwohl er zu den geistigen Begründern des Quickborn gehörte, schon 1920 zitiert wurde und bald in steigendem Maß durch zahlreiche Publikationen zu europäischer Bekanntheit gelangte. Seine Themen schienen nicht mehr wichtig genug, seine Sprache schien die Leser nicht mehr zu erreichen. Einige Zeit vor der hundertsten Wiederkehr seines Geburtstages änderte sich die Situation. Hanna-Barbara Gerl brachte eine ausführliche Biographie heraus: »Romano Guardini 1885-1968. Leben und Werk«.[6] Sie konnte sich dabei auf das mündliche und schriftliche Zeugnis von Freunden, Begleitern und Schülern Guardinis stützen. 1985 erschien auch erstmals Guardinis »Berichte über mein Leben. Autobiographische Aufzeichnungen«.[7] Neuauflagen zahlreicher seiner Werke erreichten einen bemerkenswerten Leserkreis.

Mit ihrer Arbeit hat H.-B. Gerl nicht nur eine wichtige monographische Aufgabe erfüllt, sondern auch ein ebenso wichtiges zeitgeschichtliches Anliegen. Sie läßt den Leser auf dem Wege zahlreicher Details sich in eine Epoche eindenken, deren Verständnis die Bedeutung und Tragweite des Zweiten Vatikanischen Konzils und seiner Folgen ermöglicht.

Zum Thema Theologie und Literatur seien nun stichwortartig einige Details aus seinem Leben verzeichnet, die H.-B.Gerl übermittelt hat. Romano Guardini kam 1905 nach München zum Studium der Staatswissenschaften. Dort traf der eher zurückgezogen lebende Student auf Kreise von Schriftstellern, von Kunst- und Literaturhistorikern. Er wurde angeregt und

---

6 H.-B. Gerl, a.a.0.

7 Hg. v. F.Henrich, Düsseldorf 1984, Schriften der Kath. Akademie Bayern, Bd. 116.

gefordert. Als ein »unvergeßliches Erlebnis« berichtet ein Zeuge, daß Romano Guardini in einem solchen Kreis einmal von ihm selbst ausgewählte Texte aus Dantes Göttlicher Komödie übertrug und kommentierte. Durch Begegnungen in der Burg Rothenfels - 1920 - wurde Guardini nachhaltig geprägt, an der Neugestaltung der Burg durch Rudolf Schwarz war er entscheidend beteiligt. Auch eine Bibliothek wurde eingerichtet, der Bestand von Guardini ausgesucht, vieles war seine persönliche Leihgabe; darunter die deutschen Klassiker in Gesamtausgaben, Gottfried Keller, Clemens Brentano, Josef von Eichendorff, Jeremias Gotthelf, die große russische Literatur von Tolstoi und Leskow bis Dostojewski, die große französische Literatur, darunter James, Bernanos, Claudel. Es gab allerdings auch eine kleine Leseecke für leichtere Kost, z.B. Karl May. Es ist unschwer zu erkennen, daß die oben genannte Buchauswahl in den Kanon einging, der bald nicht nur von den Jugendbewegten, sondern von den Bildungsinteressierten weit darüber hinaus anerkannt wurde. H.-B. Gerl sieht Romano Guardini als »Priester der Verkündigung«, der das Ziel hatte, die Gestalt Jesu Christi und sein Wort aufzuschließen, wodurch er sich in jene Reihe von Theologen einordnete, die die zeitgenössische Christologie mitgestalteten. Philosophisch war für ihn, der sich zwar mit Bonaventura, nicht aber mit Thomas von Aquin auseinandergesetzt hatte, eine Begegnung mit zeitgenössischer Philosophie, vor allem mit Max Scheler von geradezu schicksalhafter Bedeutung.
Schon 1912 schrieb Max Scheler: »Diese Philosophie hat zur Welt die Geste der offenen, aufweisenden Hand, des frei und groß sich aufschlagenden Auges.«[8] Romano Guardini mit seiner Betonung des »Sehens«, »Hinblickens«, »Schauens«, kam Schelers phänomenologischer Ansatz sehr gelegen. Scheler und Gu-

---

[8] M.Scheler, Vom Umsturz der Werte I, Leipzig 1912, 164.

ardini begegneten einander persönlich erstmals, als dieser sich auf seine Lehrtätigkeit in Berlin - »Religionsphilosophie und katholische Weltanschauung« - vorzubereiten begann. Dem sich etwas hilflos fühlenden Guardini gab Scheler den Rat: »'Sie müssen tun, was im Wort Weltanschauung liegt: die Welt betrachten, die Dinge, den Menschen, die Werke, aber als verantwortungsbewußter Christ, und auf wissenschaftlicher Ebene sagen, was Sie sehen.' Und ich entsinne mich noch, wie er detaillierte: 'Untersuchen Sie doch z.B. die Romane von Dostojewski, und nehmen Sie von Ihrem christlichen Standpunkt dazu Stellung, um so einerseits das betrachtete Werk, andererseits den Ausgangspunkt selbst zu erhellen.'«[9] Dieser entscheidenden Anregung verdanken wir Guardinis bedeutende Publikationen über Dante, Hölderlin, Dostojewski, Rilke, Mörike u.a.

Weil Guardini hier bewußt ein Verhältnis von Theologie und Literatur herauszustellen versuchte, hat er dazu auch eine Theorie seines Interpretierens entwickelt, dem er »einen eigenen Charakter« zuschrieb: Theologie sieht er am Werk, aber nicht im Sinne der Fachwissenschaft, sondern als »Frage der Offenbarung« verstanden, die Probleme aufgibt aus den Geschehnissen des Menschenlebens, der Geschichte, der Kultur, die nicht aus sich allein heraus beantwortet werden sollen. Erforderlich war dazu eine ständige Begegnung mit »Welt« im weitesten Sinn und mit Dichtung als in Sprache verdichteter Wirklichkeit.

Weder Literaturwissenschaftler noch Sprachphilosoph im Sinne eines Fachgelehrten, noch sich strikt an eine theologische Methode des Interpretierens etwa haltend, schuf er durch seine viel beachteten Vorlesungen in Berlin ein neues genus littera-

---

9 R.Guardini, Stationen und Rückblicke, Würzburg 1965, 19 f.; vgl. eine andere Version zit bei H.-B.Gerl, a.a.O., 144

rum, genau betrachtend und beschreibend, essayistisch formulierend, und dies, ohne seine Perspektive und Wertung als Theologe vorzuenthalten. Fern dem später aufkommenden Ton »esoterischer Eingeweihtheit« mancher zeigenössischen Schriftsteller hält Guardini letztendlich daran fest: »Es ist ... nicht einzusehen, inwiefern dichterische Aussage jenseits von wahr und falsch, von gut und böse stehen sollte.«[10] Relevant für die Begründung seiner Interpretation sind vor allem folgende Abhandlungen: »Über das Wesen des Kunstwerkes« (1947), »Was ist denn ein Wort?« (1951), »Sinn und Wesen des Interpretierens« (1957), »Die religiöse Sprache« (1962).[11]

---

10 Angefochtene Zuversicht. Romano Guardini Lesebuch, ausg.v. I. Klimmer, Mainz 1985, 248.

11 Ebd., 241-253.

2. Erich Przywara

Bis jetzt scheint sich die Vorhersage Karl Rahners, der 1967 anläßlich der Verleihung des oberschlesischen Kulturpreises durch das Land Nordrhein-Westfalen die Laudatio[12] für Przywara hielt, kaum zu erfüllen. »Die künftige Theologie«, meinte damals Karl Rahner, »wird noch viel von Przywara zu lernen haben. Gerade seine späten Werke sind noch lange nicht rezipiert. Die Durchschnittstheologie auch von heute, die sich dem Geist des Konzils - oft etwas gar zu schnell überzeugt - verschworen zu haben meint, könnte sich heute und morgen zu ihrem Segen erschrecken lassen von dem dunklen Feuer der Theologie Przywaras.«

Und weiter Hans Urs von Balthasar zitierend: »Erich Przywaras ungeheurer theologischer Auftrag - an Tiefgang und Breite mit keinem anderen dieser Zeit vergleichbar - hätte das entscheidende Heilmittel für unser christliches Denken heute werden können. Die Zeit hat den leichteren Weg gewählt, sich nicht mit ihm auseinanderzusetzen. Und er selbst ist nicht schuldlos daran. Er hat von jeher die Öffnung der Kirche zum All, die das Konzil brachte, gesehen, besitzt aber darüber hinaus das Korrektiv, das in Tonfall und Breitenwirkung des Konzils nicht zur Geltung kommt: den elementaren, geradezu alttestamentlichen Sinn für die Göttlichkeit Gottes, der verzehrendes Feuer ist und tötendes Schwert und hinwegraubende Liebe. Wohl als einziger besaß er die Sprache, in der das Wort 'Gott' ohne leichte Übelkeit anzuhören ist, die das laue Gerede unserer Durchschnittstheologie verursacht.«

Was ist dieses Einmalige Przywaras: ein Jesuit, Einzelgänger, keiner Schule verschworen, keine bildend, der »unheimlich hellsichtige Gespächspartner fast aller bedeutsamen Theologen

---

12 K.Rahner, Gnade als Freiheit, Freiburg i.Br. 1968, 266-273.

und Philosophen seiner Zeit?«
Anläßlich seines 80. Geburtstages erschien ein unscheinbares Bändchen: Erich Przywara 1889-1969. Eine Festgabe und darin eine Vita von Gustav Wilhelmy[13], aufgrund authentischer Unterlagen erstellt und für unser engeres Thema belangvoll. Przywara kam aus einem »urkatholischen Elternhaus«, stand aber in der freidenkerisch-liberalen Umwelt von Kattowitz gewissermaßen vom Kindergarten an im Vorpostengefecht. Schon bald zeigte sich eine musikalische Begabung, die im Orden auch erkannt und eingesetzt wurde. Später wird man von der »Musikalität seines Denkens«, vom »rhythmischen«, »fugalen«, »sonatischen Aufbau« seiner Werke sprechen.
Bereits 1912 beginnt seine schriftstellerische Tätigkeit. Er leitete einen kleinen literarischen Kreis und stand in der Auseinandersetzung um Wesen und Zukunft katholischer Literatur, die damals im »Hochland« und im »Gral« geführt wurde, erste Anfänge, das Verhältnis von Theologie und Literatur zu bedenken. Przywara und Kreitmeier zusammen produzierten Kirchenlieder; die Freundschaft mit Peter Lippert und mit Reinhard Johannes Sorge begann. Przywara setzte sich mit den Romantikern, mit Nietzsche, auch mit der klassischen und der deutschen Mystik auseinander. Seine ersten großen Werke wurden schon damals grundgelegt. 1922 stellt ihn der Orden in den Aufgabenkreis der Redaktion der »Stimmen der Zeit«, in der er bis zur Aufhebung der Zeitschrift 1941 arbeitete.
Przywara hatte sich durch einen Strang großer theologischer und philosophischer Werke durchgearbeitet, von den Vorsokratikern an über die Kirchenväter - nicht nur Augustinus - zu Thomas von Aquin; er beschäftigte sich intensiv mit Nietzsche, mit Kierkegaard, mit Cohen, Simmel, Husserl, Scheler, Hei-

---

[13] Erich Przywara 1889-1969. Eine Festgabe, Düsseldorf o.J.: Vita Erich Przywara. Ein Überblick von G.Wilhelmy, 7-34.

degger; es gelang ihm, Newman nicht nur im deutschsprachigen Raum heimisch zu machen, sondern auch, ihn von seinem Modernismus-Verdacht zu befreien. Überall dort, wo es schwer Verständliches zu klären galt, wurde Przywara zu Vorträgen, Diskussionen, Gesprächen gerufen und kam so an viele Orte Deutschlands, Österreichs, der Schweiz, der Niederlande. Immer hatte er sich dem Dialog gestellt und hatte die Unterscheidungskraft und den Mut, weder »modernistisch« noch »antimodernistisch« zu reden und zeigte, daß im Hören auf den anderen die eigene Wahrheit tiefer gefunden werden kann.
Drei Schwerpunkte kristallisierten sich heraus[14]: zeitkritische Auseinandersetzung mit den geistigen und religösen Strömungen der Zeit; philosophische Auseinandersetzung mit Phänomenologie und Existenzphilosophie; theologische Hereinnahme des gesamten Geisteslebens. Darunter fiel auch das Gespräch mit dem Judentum[15] (schon ab 1925 mit Cohen, Buber, Baeck, Salomon, Shoeps) und ab 1929 mit dem Protestantismus. Dabei ging es zunächst bewußt um ein »Gespräch zwischen den Kirchen«, wobei sowohl sein Gesprächspartner Barth als auch Przywara bewußt auf dem Boden der dogmatischen Unterschiede bleiben wollten. Erst später kam es auch zu den »die Unterschiede verwischenden Einigungsgesprächen«, die auf der Linie von Söderblom-Heilers evangelischer Katholizität lagen.[16]
Pryzwara gestaltete aber auch wichtige Ereignisse des kirchlichen Lebens mit, so 1930 die öffentlichen Auseinanderset-

---

[14] Vgl. ebd., 15.

[15] E.Przywara, Begegnungen jüdischen und christlichen Geistes, in: Juden, Christen, Deutsche. Ges. Rundfunkvorträge im Südd. Rundfunk, hg. v. H.-J. Schulz, Stuttgart 1961, 239-248.

[16] E.Przywara u. H.Sauer, Gespräch zwischen den Kirchen. Das Grundsätzliche, Nürnberg 1956, Vorwort.

zungen (gemeinsam mit Wolker, Dessauer, Adenauer) mit den zunehmenden Kräften des Bolschewismus und Faschismus in Altenberg bei Köln vor einem großen Forum der Führerschaft der 21 Verbände der Katholischen Jugend.[17] 1934 wurde die öffentliche Tätigkeit Przywaras stark eingeschränkt; er arbeitete vor allem schriftstellerisch.

Es ist unmöglich, Przywaras Fülle des Schrifttums auch nur annähernd vorzustellen. Leo Zymni[18] hat es 1963 in ca. 800 Nummern verzeichnet, Hans Urs von Balthasar dieser Übersicht eine treffende Deutung von Person und Werk vorangestellt. Gern folgt man Karl Rahner[19] in seinen - in bewußter Reihenfolge genannten - Schwerpunkten, die er für Przywaras Werk sieht: Die analogia entis wurde durch ihn zur Grundstruktur des »Katholischen«; das »radikale Pathos« einer »theologia crucis der Reformation in das katholische Denken« eingebracht; Ignatius von Loyola wurde durch ihn erst »zu einer verstandenen Größe in der christlichen Geistesgeschichte«; für das katholische Denken hat er den Begriff der »Polarität« erarbeitet.

Für »uns«, sagt Rahner, ist er »der Lehrer der Unabschließbarkeit metaphysischen Denkens geworden, das er an die Grenze führt, wo es sich entscheiden muß, zu zerbrechen oder sich umzusetzen in das »Adoro te devote, latens deitas«, in das Schweigen der Unbegreiflichkeit Gottes, der die sich selbst in den Tod gegebene Liebe ist.«

Man hat Przywara einen Philosophen genannt, einen Theologen, einen Religionsphilosophen, einen Kulturphilosophen, einen Spirituellen, einen Verkünder, einen geistigen und

---

[17] Vgl. Erich Przywara. Eine Festgabe, a.a.O., Wilhelmy, 18.

[18] Erich Przywara. Sein Schrifttum 1912-1962, zusammengestellt v. L. Zymni, mit einer Einführung v. H.U. von Balthasar, Einsiedeln 1963.

[19] K.Rahner, a.a.O., 270.

geistlichen Führer, einen künstlerischen Menschen. Jaques Maritain nannte ihn einmal den Theologen mit dem »harten Geist« und dem »zärtlichen Herzen«[20], das alles war er. Und auch die Nationalsozialisten hatten recht, wenn sie ihn als den »ersten intellektuellen Propagandisten der Katholischen Aktion«[21] bezeichneten.

Aber das Visionäre ist für das Verständnis seiner Persönlichkeit unverzichtbar. In einem privaten Gespräch mit Horst Krüger bekennt Przywara einmal, daß alle Philosophie für ihn eigentlich nur die »Asche der Dichtung« sei. Und auf eine Frage Gertrud von le Forts, als was er sich selber denn eigentlich bei der ganzen Universalität seiner Produktion fühle, habe er überraschend geantwortet: als Dichter![22] Dem kommt die Beobachtung entgegen, die von Balthasar (sinngemäß) mitteilt: Was Przywara als Denker vorwiegend negativ sage, versuche er als Dichter, als Deuter der Schrift, der Liturgie, der großen Heiligen, der Beter und Dichter im Mysterium positiv zu sagen. Er weist auch darauf hin, daß das Gesamtwerk, mit Liedern, Gedichten, dramatischen Szenen, dann mit kürzeren religiösen Schriften beginne, in denen das Denkerische und das Dichterische noch ungetrennt ineinanderliegen. Die Reihe der immer steiler werdenden theoretischen Werke sieht er begleitet von einer formal ganz anders gearteten Literatur: den Gedichten in »Karmel«, »Homo«, »Hymnus«, »Nuptiae Agni«, den übertragenen »Hymnen des Karmel«.[23]

---

20 H.Krüger, Schöpferische Theologie. Das Werk Erich Przywaras. Sendung 15.8.51, Nachtstudio (Abschrift des Manuskriptes des Südwestdeutschen Rundfunks, Abtlg. Kulturelles Wort, aus dem Nachlaß Gundl, Wien).

21 H.Krüger, a.a.O.

22 H.Krüger, a.a.O.

23 Vgl. Erich Przywara. Sein Schrifttum 1912-1962, a.a.O., von Balthasars Einführung, 6 f.

Es ist ja auch nicht uninteressant, daß Rudof Adolph[24], da er Przywaras Bibliothek beschreibt, von gegen 2000 ungedruckten Gedichten im Manuskript spricht. Przywara selbst war in einem von Stefan Varnhagen aufgezeichneten Gespräch mit seinem Verleger[25], befragt auf die eigene Einschätzung seiner Lyrik, sehr zuversichtlich: wenn alles erschienen sein würde. Und am Ende des Gesprächs hat er zwei seiner Gedichte vorgelesen. Erich Przywara zeigt sich in seiner spirituellen Literatur als »dichtender Beter«, wie übrigens auch Guardini, von Balthasar und Rahner. »Sehen« (und auch »Hören«) spielt bei Przywara - und ebenfalls bei Guardini, von Balthasar, Rahner - eine bedeutende Rolle.

Przywara war auch ein außerordentlich sensibler Interpret von Dichtern. Beispielhaft dafür sei seine Interpretation von Hymnen Hölderlins genannt, deren »religiös-poetische« Substanz er heben wollte. Das geschah nicht nur in Publikationen, sondern auch in zahlreichen Gesprächskreisen. Przywara hat sich Heideggers Begriff des »dichtenden Denkers« zu eigen gemacht; er wollte nicht philosophisch, auch nicht geistesgeschichtlich, sondern »aus der Mitte kongenialer Begegnung mit dem Dichter selbst«[26] vorgehen. Solches war damals in der Zeit gelegen und mag aus heutiger Sicht auch kritisch bewertet werden. Przywara hatte über die Dichtung seiner Zeit einen unglaublichen Überblick, einen Sinn für Qualität und für Zusammenhänge, nicht zuletzt dadurch, daß er als Mitarbeiter der »Stimmen der Zeit« und als Besprecher für viele andere Organe an diese Literatur unmittelbar herankam; später hatten eine große

---

24 R.Adolph, Die Bibliothek eines Gelehrten, in: Der beständige Aufbruch. Festschrift für Erich Przywara, hg. v. S.Behn, Nürnberg o.J., 21.

25 E.Przywara, Zwiegespräch an seinem 65. Geburtstag am 12. Oktober 1954, Nürnberg o.J.

26 Vgl. H.Krüger, a.a.0.

Zahl von Verlegern ihm von sich aus einfach ihre neue Produktion übermittelt.

Einen gründlichen Einblick in die Auseinandersetzung mit den Literaturwerken seiner Zeit, die aus sehr unterschiedlichen Geisteshaltungen kamen, gibt das 1949 fertiggestellte und 1952 erschienene umfangreiche Werk »Humanitas«.[27] Etwa achtzig, vorwiegend zeitgenössische Dichter und Schriftsteller verschiedenster geistiger Provenienz, viele von nach wie vor anerkannter Qualität, ordnet Przywara einander in inhaltlicher Zusammengehörigkeit (Vergleichbarkeit oder Polarisierung) unter kulturphilosophischen Themenkreisen zu. Es geht um Erscheinungsformen des Humanismus vom Ersten Weltkrieg an und um die Brüche.

Welche literarische Landschaft Przywara beherrschte, zeigt ein Blick in seine Bibliothek in Murnau: Sie sei ein Erlebnis gewesen, berichtet Rudolf Adolph[28], der sie gelegentlich eines Besuches besichtigen konnte. Sie war in großen Abschnitten von der Urgeschichte bis zur Gegenwart chronologisch geordnet. Zettelkatalog gab es keinen; der Benützer hatte einen so intimen Umgang mit seinen Büchern, daß er den Standort aller kannte. Dazu gibt es eine lange Reihe von Exzerpten, die schon in den ersten Ordensjahren begonnen wurden - wieder eine kleine Bibliothek; in den Büchern Notizen und parallel zur Bibliothek sehr viele dazugehörige Bilder. Die poetische Literatur allein umfaßte ein großes Spektrum der Weltliteratur in verschiedenen Sprachen.

Erich Przywaras Wohnsitz war lange Zeit München. Dort hatte er während des Zweiten Weltkrieges auch die Aufgabe eines Alt-Akademiker-Seelsorgers von Kardinal Faulhaber übertragen bekommen. Sonntag für Sonntag predigte er, auch noch im

---

[27] E.Przywara, Humanitas, Der Mensch gestern und morgen, Nürnberg, o.J.

[28] Vgl. R.Adolph, a.a.O., 18-21.

»brennenden München«, stets die nächste Kirche am Schluß nennend, sollte es diese nicht mehr geben.

Erich Przywara liebte Wien, das er schon aus den 20er und 30er Jahren kannte. Ein einmal offenbar geplanter dauernder Aufenthalt in Wien kam nicht zustande. Gewissermaßen auf dem Weg von Literatur deutet er die Stadt in »Symbol Wien. Ein Gespräch und eine Briefantwort«.[29] »Sie gehen mit Reinhold Schneider darin einig, Geschichte im Symbol zu sehen. Ist für Sie Wien ein solches Symbol in der Gegenwart, - und was für eines?«[30] So die Frage H. von Kleeborns in einem kleinen Gesprächskreis. Przywara bedankt sich einmal ausdrücklich bei Kardinal Dr. Theodor Innitzer, daß er unter dessen Protektorat auch in Wien wirken durfte.[31]

Tatsächlich wurde er während des Zweiten Welkrieges immer wieder nach Wien gebeten. Einladender war wohl meist Otto Mauer, der Leiter des Referates »Religiöse Kultur« im Wiener Seelsorgeamt, von dem aus sich in Wien reiches geistiges Leben auch in dieser bedrohten und schrecklichen Zeit entfalten konnte. Przywara kam zu Vorträgen, Predigten und stellte sich in kleinen Kreisen zu Gesprächen und Lesungen zur Verfügung: öfters aus eigenen dichterischen Texten, einmal las er das Manuskript von le Forts neuer Novelle »Das Gericht des Meeres« vor, zum Thema »Reich« u.a.m., an das ich mich nicht mehr erinnere. Solche Orte waren die Wohnungen von P.Dr. Leopold Soukup, von Burgschauspielerin Julia Janssen, meine, das Domizil der Englischen Fräulein der Inneren Stadt, wo er sich auch immer gerne unterbringen ließ. Gewiß gab es noch viele solcher Zusammenkünfte - die notwendige Diskretion hinderte, daß man darüber sprach. Einen alten Freund hatte

---

29 E.Przywara, In und Gegen. Stellungnahmen zur Zeit, Nürnberg 1955, 100-122.

30 Ebd., 100.

31 E.Przywara, Humanitas, a.a.O., Vorwort.

Przywara auch in Prälat Dr.Franz Gundl; in dessen Bibliothek, die er den »Wiener Theologischen Kursen« vererbt hatte, fanden sich viele Bücher Przywaras mit persönlichen Widmungen und außerdem ein reicher Schriftverkehr. Wichtig war für Przywara DDr. Willy Lorenz, der damalige Generaldirektor des Verlages Herold, in dem noch zwei große Werke herauskamen.

Przywara war trotz seiner außerordentlichen Leistung von zarter Gesundheit, ein Phänomen, das sich schon früh zeigte, sich nach Aufhebung der »Stimmen der Zeit« verstärkte und dann immer wieder zu Krankenhausaufenthalten und mühsamen Genesungsphasen führte. In den letzten Jahrzehnten seines Lebens wohnte er - mit Zustimmung des Ordens - privat; bald wurde eine ständige Betreuung nötig; sehr strikt betonte er jedoch immer seine Ordenszugehörigkeit, woran gar kein Zweifel bestand. Die letzte Station vieler Jahre war Murnau: Er bekam viel Besuch, pflegte auch den Briefwechsel und es gab noch Phasen angestrengter Arbeit. Ich konnte ihn zweimal dort besuchen und gewann den Eindruck eines örtlich Heimatlosen und geistig Unbegrenzten. Es war aber auch sichtbar, daß er das von ihm verkündete mysterium crucis auszuleben hatte. Durch seine Vermittlung wurde ich auch von Gertrud von le Fort in Oberstdorf empfangen. Noch im hohen Alter war erkennbar, wie geistig-geistlich nahe sich die beiden Persönlichkeiten waren.

Und davon ist noch zu sprechen: Die wohl interessanteste Begegnung zwischen Theologie und Dichtung in diesen Jahrzehnten kam zwischen Przywara und le Fort zustande. Dazu trug sicher bei, daß auch diese Theologin war: Zwischen 1908 und 1916 studierte sie mit Unterbrechungen in Heidelberg, Hamburg und Berlin. Besonders wichtig wurden für sie die Vorlesungen bei Troeltsch über Religionsphilosophie, Glaubenslehre, Geschichte der neueren Philosophie, allgemeine

Ethik, Symbolik, die bei von Schubert über Kirchengeschichte, bei Cohen über Kant, bei Jaspers über Kierkegaard, bei Jülischer über Dogmengeschichte, bei Budde die Einleitung in das Neue und bei Heitmüller in das Alte Testament und manches andere; auch Kollegen wurden wichtig.[32] Damit soll nur der Horizont bezeichnet werden, in dem le Fort seit diesen Jahren zu denken und zu schreiben gewohnt war.
Es scheint zunächst merkwürdig, daß sie 1924 die »Hymnen an die Kirche«, 1925 nach ihren Kolleg-Mitschriften die »Glaubenslehre« von Troeltsch herausbrachte und 1926 in Rom zur katholischen Kirche konvertierte. Sie klärt das selbst: Im Glauben an Christus liege die einheitliche Linie ihres Lebens; die Heidelberger Zeit sei darin die wichtigste Etappe gewesen. Gerade sie hat ihre Konversion mitbestimmt. Es ging »bei mir weniger um eine Konversion als Ablehnung des evangelischen Glaubens, sondern es ging um eine Vereinigung der getrennten Bekenntnisse. Es bedeutet für mich das Geschenk einer besonderen Gnade, daß ich jetzt im hohen Alter das Konzil noch erleben darf«.[33]
Beiden, Przywara und le Fort, ging es - auf denkerische und auf dichterische Weise - um Kirche, das Wesen der Kirche, die Kirche als Mysterium, ihre hierarchische Struktur und ihr Leib-Christi-sein, ihre Rechts- und ihre Liebessicht, ihren Barmherzigkeitsauftrag, eine Kirche ab Abel wird erkennbar, ihre Heilsfunktion für die Heiden, ihre unauflösliche Beziehung zu Israel, das Leid und die Überwindung ihrer Trennung, den einzelnen als Kirche, das Gewissen des einzelnen in Grenzsituationen. Kirche, die historische Kirche ist das große Thema der le Fort, eine Kirche, die Mysterium ist und aus dem

---

32 G.von le Fort, Hälfte des Lebens. Erinnerungen, München 1965, 80-97 u.a.

33 Ebd., 84; diese Aussage hat le Fort auch eindringlich in den beiden Gesprächen mit mir wiederholt.

göttlichen Mysterium lebt, die unter dem Kreuz steht, wie auch der einzelne mitgekreuzigt ist. Es wurde gesagt, daß die großen Themen der le Fort das »Reich«, die »Kirche« und die »Liebe« sind (ihre Reichsdichtungen hat sie später nicht mehr weitergeführt).[34]

Alles dies gilt auch für Przywara. Die Spiritualität des Karmel lag beiden nahe; konkret wurde das in der Dichtung beider, aber auch in der gemeinschaftlichen Beziehung zu Edith Stein. Beide haben über die Frau nachgedacht.[35] Manches was damals metaphysisch erklärt wurde, stellte sich später doch als kulturelles Phänomen dar: ein wichtiger Ansatzpunkt übrigens zur ersten Kritik am le Fort'schen Werk.

Wie sehr nach dem Ende des Zweiten Weltkrieges, also nach der erzwungenen Pause, das Gespräch zwischen Theologie und Literatur im Gang war, zeigte sich an der Reaktion auf den 1964 erschienen (schon 1943 fertiggestellten) Roman »Der Kranz der Engel«. Die Aufregung war groß und die Konsequenzen ungewohnt: Der Verleger Ehrenwirth brachte 1950 unter dem Titel »Der Kranz der Engel im Widerstreit der Meinungen«[36] eine Auswahl positiver und negativer Besprechungen heraus, unter denen überraschend viele Theologen waren: Przywara SJ, Kampmann, Becher SJ, Mitzka SJ, Focke SJ, Barzel SJ, Jedin u.a. Übrigens war es wohl - so darf ich eine

---

34 G.von le Fort, a.a.O., 37: Der Plan, die Geschichte des Heiligen Römischen Reiches zu dichten, ist, abgesehen von zwei Legenden, »niemals Wirklichkeit geworden, obgleich ich ihm viele beglückende Studien und Entwürfe gewidmet habe. Ich konnte nach dem furchtbaren moralischen Zusammenbruch unseres Volkes, den das sogenannte Dritte Reich bedeutet, keinen Mut mehr dazu aufbringen«.

35 G.von le Fort, Die ewige Frau. Die Frau in der Zeit, die zeitlose Frau, München 1934; Die Frau und die Technik, in: G.von le Fort. Woran ich glaube und andere Aufsätze, Zürich 1968, 29-41 u. E.Przywara, Humanitas, a.a.O., 784-794.

36 Gertrud von le Fort. Werk und Bedeutung. »Der Kranz der Engel« im Widerstreit der Meinungen, München o.J.

Bemerkung in einem Gespräch mit ihm deuten - H.Becher, der Gertrud von le Fort davor bewahrte, daß ihr Roman auf den Index kam. Bald darauf verlieh die theologische Fakultät der Universität München le Fort das Ehrendoktorat.
Auch Gertrud von le Fort kann als Wegbereiterin konziliarer Gedanken gelten. Das erlaubt eine genaue Kenntnis ihrer Werke zu sagen[37]: ihr Kirchenverständnis, ihre Sicht des Verhältnisses von Kirche und Israel, der Glaubensspaltung, ihr Wissen um die Zusammenhänge von Geschichte und Heilsgeschichte, ihre biblische Sicht des christlichen Lebens zeugen dafür. Was sie allerdings (im Gegensatz zu Przywara) weniger berührte, war die Weltverantwortung. Andererseits ist ein anderes Pathos, für Przywara und le Fort gleich wesentlich: das mysterium crucis, merkwürdigerweise in das Konzil nicht eingegangen.
Die Verwandtschaft von Przywara und le Fort zeigt sich auch in der gemeinsamen besonderen Wertschätzung einiger zeitgenössischer Dichter: Paul Claudels Werk (beide nennen es das bedeutendste ihrer Zeit), die ersten großen Romane von Bernanos und von Graham Greene. Zu diesen äußert sich le Fort in einem Vorwort zu Greenes Publikation »Paradox des Christentums«[38]: Die bürgerliche Moral ist »nicht mit der christlichen Moral identisch. Jene ist eine Moral der Gerechten im Reiche dieser Welt, für die christliche Moral aber gibt es das Wort von den Zöllnern und Sündern, die dem Reich Gottes näher sind als sie. Nun, auch dem Dichter sind sie näher: Dichtung hat eine unwiderstehliche Neigung, sich der Fragwürdigen, der Angefochtenen, ja, der tragisch Gescheiterten

---

[37] M.Schmid, Gertrud von le Fort, Konfrontierungen ihres Werkes mit der nachkonziliaren Zeit, in: Die Zeit im Buch H. 11/12 (1966) 1-11.

[38] G.Greene, Vom Paradox des Christentums. Mit einem Geleitwort v. G.von le Fort, Zürich 1952, 18.

anzunehmen - unangefochtene moralisch geglückte Existenzen haben für sie nur geringe Anziehungskraft. An diesem Punkt wird das eigentliche Paradox des Dichterischen klar, aber ist es nicht zugleich das Paradox des Christlichen? Fällt es nicht zusammen mit eben jenem Wort von den Zöllnern und Sündern, die dem Reich Gottes näher sind als die Gerechten? Allein, wer ist denn nun eigentlich gerecht, und wer gehört zu den Zöllnern und Sündern?« Damit geht sie über eine Äußerung von Kardinal Newman hinaus und sagt etwas von ihrem eigenen Selbstverständis aus.

1980 hat sich Eugen Biser, dessen theologische Dissertation »Grenzerfahrungen. Die Bedeutung der religiösen Grenzsituationen in dem Werk Gertrud von le Forts« 1956 in Freiburg approbiert wurde, wieder mit le Fort befaßt unter dem Titel »Überredung zur Liebe. Die dichterische Daseinsdeutung Gertrud von le Forts«.[39] Er wollte damit ausdrücklich die Frage nach dem »theologischen Quellenwert religiöser Literatur« stellen und wendete sich auch an jene, die die »Eindringlichkeit eines mystischen Manifests« auch heute noch schätzen, eine Botschaft, die in der »gehärteten Gegenwartssprache« gar nicht mehr vermittelt werden kann. Dabei ist Biser sich der Grenze bewußt, die die bisweilen »überfrachtete Metaphorik«, das »sprachliche Kolorit« der le Fort bedeuten. Seine Hoffnung auf eine neue Annahme dieses Werkes, das als eines der bedeutendsten der christlichen Literatur des 20. Jahrhunderts galt, hat sich nicht erfüllt.

Ein ähnlich wichtiger Dialog zwischen Theologie und Literatur vollzog sich zwischen Przywara und Reinhold Schneider.[40]

---

39 E.Biser, Überredung zur Liebe. Die dichterische Daseinsdeutung Gertrud von le Forts, Regensburg 1980.

40 E.Przywara, In und Gegen, a.a.0., 91-94; vgl. dazu auch a.a.0., Wo ist das Reich?, 254-262.

1934 bekam Przywara dessen Buch »Philipp II.« in die Hand, das ihn so faszinierte, daß er sich das gesamte Werk beschaffte und es in den »Stimmen der Zeit« vorstellte. In »Humanitas« ist eine - erweiterte - Sicht zu Reinhold Schneiders Geschichtsauffassung wieder zugänglich geworden unter der Themenstellung »Struktur der Geschichte«[41]: »Bild der Geschichte, Metaphysik der Geschichte, Zwischen Schwermut und Warten, Gericht des Lichtes, Der Heilige in der Geschichte.« Gertrud von le Fort und Reinhold Schneider »waren von nun an für mich wie Eines: Auferstehung der Tradition des 'Reich', eine theologische Metaphysik des 'Reich'«, die Przywara in den Jahren des Zweiten Weltkrieges weiter zu vermitteln suchte. Später kam in den Umkreis solchen Denkens auch noch Werner Bergengruen[42] hinein.

In diesem Zusammenhang ist nicht uninteressant, was Gertrud von le Fort in einem Brief[43] anläßlich des 70. Geburtstages Przywaras als das Bedeutungsvollste seiner Botschaft herausgreifen will: »Mir selbst scheint - wenigstens in diesem Augenblick - Ihre geniale Betrachtung historischer Abläufe besonders ergreifend. Ja, in gewisser Hinsicht als Analogie zu den durch die heutige Naturwissenschaft veränderten Zeit- und Raumbegriffen. Während der bloße Historiker auf die Betrachtung und Durchleuchtung der Vergangenheit beschränkt bleibt, erhebt sich Ihr metaphysisch bedingtes Geschichtsdenken in jene Räume, wo die Schleier des Vergangenen sinken und das scheinbar Zeitgebundene über sich selbst hinausdenkend, zum Gleichnis eines Unvergänglichen wird...« Vermutlich ist auch

---

41 E.Przywara, Humanitas, a.a.O., 799-825.

42 Vgl. a.a.O., 143-153; vgl. auch Publikationen Przywaras zu W.Bergengruen, vermerkt bei Zymni, Erich Przywara 1912-1962, a.a.O., 83.

43 G.von le Fort, Geschenk im Übermaß, Brief vom 5.August 1959, in: Der beständige Aufbruch, a.a.O., 74 f.

le Forts Geschichtsdenken von daher zu deuten.
Die Freundschaft zwischen Przywara und Reinhold Schneider (Kardinal Konrad von Preysing von Berlin war darin eingebunden) hatte sich auch darin ausgedrückt, daß Erich Przywara den Briefwechsel mit Schneider herausgab, immer wieder Stellungnahmen zu Schneiders Werken veröffentlichte und daß Schneider seinerseits in Würdigungen, Besprechungen und Kritiken in Presse und Rundfunk das Interesse an Przywara wachhielt.[44]
In maschinengeschriebenen Blättern gingen während des Zweiten Weltkrieges deutende und tröstende Texte von le Fort, Bergengruen und Reinhold Schneider in Deutschland und an der Front von Hand zu Hand - Reinhold Schneider wußte sich damals in der Funktion eines »Sanitäters am Verbandplatz«. Wie mußte es Schneider treffen, als er nach dem Krieg - ausgerechnet in den Berliner »Petrusblättern« - wegen seiner Warnungen vor einem deutschen Bruderkrieg der Nähe zum Kommunismus bezichtigt wurde. Przywara trat immer wieder solchen Anschuldigungen entgegen, Mahnungen zum Frieden, wie sie Reinhold Schneider wiederholt aussprach, waren damals der Mißdeutung preisgegeben.

---

[44] Vgl. dazu die von Zymni in: Erich Przywara. Sein Schrifttum 1912-1962, a.a.O. ausgewiesenen Publikationen Przywaras zu Reinhold Schneider von 1938-1962 und die Reinhold Schneiders zu Przywaras Schrifttum bei Zymni, in: Erich Przywara 1889-1969. Eine Festgabe, a.a.O., Stimmen zu Person und Werk Erich Przywaras von 1952-1957.

3. Hans Urs von Balthasar

Hans Urs von Balthasar wußte sich mit Przywara sehr verbunden als einem »unvergeßlichen Wegweiser«, ja er nennt ihn den größten Geist, dem er je begegnen durfte. Begegnet ist er ihm 1931-1933 in der Redaktion der »Stimmen der Zeit« und 1937-1940 in der jesuitischen Hochschule in Pullach. Aus dem kaum überschaubaren Werk von Balthasars - Medard Kehl hat ein sorgfältig recherchiertes Portrait als Einleitung für das Hans Urs von Balthasar-Lesebuch[45] gezeichnet - seien nur einige Hinweise auf sein Verhältnis zur Literatur herausgegriffen.

Dieses ist nachhaltig dadurch bestimmt, daß von Balthasar vor seinem Eintritt in die Gesellschaft Jesu ein Studium der Germanistik und Philosophie absolvierte: in Wien, Berlin und Zürich. Seine Dissertation »Geschichte des eschatologischen Problems in der modernen deutschen Literatur« arbeitet er später in sein erstes umfangreiches Werk »Apokalypse der deutschen Seele. Studien zu einer Lehre von letzten Haltungen«[46] aus. Der Titel verrät zwei Intentionen: Balthasar wollte wirklich das Ende einer Zeit darstellen, der letzten hundertfünfzig Jahre deutschen Geisteslebens (und er kommt dabei auf die großen Namen dieser Zeit, u.v.a. auf Nietzsche und Dostojewski, auf Heidegger und Rilke); er hat aber auch den eschatologischen Aspekt eingebracht.

Wie sein Doppelstudium kam ihm auch seine von Kindheit an gepflegte Zweisprachigkeit (deutsch und französisch) zugute. So konnte er sich - vermittelt durch den Schriftsteller Albert Béguin, der bei ihm in Basel konvertierte - an die Übertragung und Deutung bedeutendster französischer Dichter wagen. Er

---

[45] Vgl. In der Fülle des Glaubens. Hans Urs von Balthasar-Lesebuch, hg. v.M.Kehl u. W.Löser, Freiburg i.Br. 1980, 13-60.

[46] H.U.von Balthasar, Apokalypse der deutschen Seele. Studien zu einer Lehre von den letzten Haltungen, Salzburg-Leipzig Bd. 1: 1937, Bd. 2 und Bd. 3: 1939.

übertrug Claudels »Seidenschuh«, »Mariae Verkündigung«, die »Fünf großen Oden« und fast das gesamte lyrische Werk. Von dieser intensiven Beschäftigung mit dem Urtext, seiner literarischen, philosophischen und theologischen Zuständigkeit her ist es naheliegend, daß seine Deutung Claudel'scher Werke, etwa in Nachworten gegeben, größte Kompetenz zukommt. »Verstehen Sie das Stück? - Ich nicht!« soll Claudel zu Balthasar gesagt haben.[47] Nur einige Stichworte[48] zum »Seidenschuh«: Claudel ist weltsüchtig, weil er Christ ist; kein christlicher Philosoph, Theologe, Mystiker vor ihm hätte den »Horizont der Welt« so überwältigend erlebt. Darin sind die Länder der Erde ineinandergerückt, die Geschichtlichkeit verliert an Bedeutung. Rodrigo und Proeza nennt von Balthasar »das erste christliche Liebespaar der Weltliteratur, in dem die große irdische Passion unmittelbar als religiöses Problem begriffen wird«. Das Schauspiel bewegt sich zwischen Liebe und Welt als den beiden großen Polen. Zwar sieht Claudel Proeza als den »Köder Gottes« für Rodrigo; doch ist Weltverantwortung beiden - getrennt - auferlegt. Der Aufstieg Rodrigos endet als Kehricht, eingesammelt von der Karmelschwester. Der Hinweis auf »Wasser« und »Geist« in der zweiten großen Ode und das »Meer« im »Seidenschuh« zeigt eine weitere Dimension. Przywara sieht im »Seidenschuh« ein Mysterium in dem Sinn, daß die »Überweltlichkeit und unsere irdische Welt sich völlig ineinanderschlingen«. In der Getrenntheit und Unvermischtheit entsteht erst Einheit. »Spiel« möchte Przywara als letztes und schwerst erträgliches Wort hinter den »Seidenschuh« set-

---

47 Vgl. E.Przywara, In und Gegen, a.a.0., 145.

48 P.Claudel, Der seidene Schuh oder Das Schlimmste trifft nicht immer zu. Deutsche Übertragung und Nachwort von H.U.von Balthasar, Salzburg 1939. Die Hinweise sind dem außerordentlich dichten und lesenswerten Nachwort 427-465 entnommen.

zen.[49]
Auch mit Georges Bernanos, der mit dem Erscheinen des Romans »Die Sonne Satans« (1926) berechtigte Aufmerksamkeit weit über Frankreich hinaus erringen konnte, hat von Balthasar sich in einer Monographie[50] gründlich auseinandergesetzt. Im 1. Teil »Christ und Dichtung« wird die Sendung des Dichters akzentuiert, im 2. Teil »Die Kirche als Lebensraum« vor allem deren sakramentale Welt, und im 3. Teil »Der Zeitgenosse« geschieht der Versuch, den Christen und die Kirche in der Zeit zu begreifen. War bei Claudel ein wesentliches Pathos »etiam peccata«, so bei Bernanos das »mysterium iniquitatis«.
Hans Urs von Balthasar war auch dem Werk Reinhold Schneiders sehr verbunden. »Nirgendwo fand ich so rein, was ich überall suchte, den antipsychologischen Instinkt, das ursprüngliche Wissen um Rolle, Dienst, Sendung, eine katholische Form, die nicht in Ordensburgen und 'politischen Katholizismen', vielleicht nicht einmal in schon organisierten Orden, sondern in der Seele der Beauftragten lebt, seien sie Könige oder Stifter«. In »Winter in Wien« sieht von Balthasar Reinhold Schneider an seinem eigenen Auftrag scheitern.[51]
An Kierkegaards Schrift »Der Begriff der Angst«, dem »ersten und letzten Versuch einer theologischen Bewältigung dieses Themas« schließt von Balthasar seine Untersuchung »Der Christ und die Angst«[52] an und meint, daß sich schon früher Dichter dieses von den Theologen offen gelassenen Themas angenommen hätten. Er nennt Bloy, Bernanos, Claudel, le Fort und andere von der Spiritualität des Karmel Berührte. Von Balthasar wendet sich dann näher dem vielleicht gültigsten

---

[49] E.Przywara, In und Gegen, a.a.O., 145, 149.

[50] H.U.von Balthasar, Bernanos, Olten o.J.

[51] In der Fülle des Glaubens, a.a.O., 58.

[52] H.U.von Balthasar, Der Christ und die Angst, Einsiedeln 1953, 9, 62-65.

Werk der le Fort - »Die Letzte am Schafott« (1931) - zu und vergleicht die Novelle mit dem letzten Werk von Bernanos »Die begnadete Angst« (1949). Einen für ihn bedeutsamen Unterschied sieht von Balthasar in der Sicht der »Angst«: Während die Blanche der le Fort aus einer Angst der »Veranlagung« erst zur »mystischen Angst« gekommen ist, erkennt er die Blanche des Bernanos von Beginn an unter der »Angstberufung« stehend. Eine solche - wohl richtige - Aussage dürfte aber keinesfalls vergessen lassen, daß die »Blanche« eine Schöpfung der le Fort ist und diese Blanche - mit abgewandeltem Akzent - von Bernanos übernommen worden war wie übrigens auch die ganze im Historischen gründende Thematik, nämlich das Martyrium der Karmelitinnen von Compiègne. Für le Fort mußte ihre Novelle als Ausdruck ihrer Spiritualität eine besondere Bedeutung haben; jedenfalls äußerte E.Przywara einmal in einem Gespräch, daß ein spiritueller Gleichklang zwischen beiden Persönlichkeiten im Spiele war. Für Bernanos freilich konnte le Forts Werk faszinierend sein, stand doch sein eigenes Leben von Kindheit an unter dem Stigma der Todesangst. Von Balthasar erwähnt in diesem Zusammenhang noch Claudels »Die Geisel« (1914): auch sie hat eine innere Verwandtschaft zur Angstthematik und auch sie spielt - wie die beiden anderen Werke - in der Zeit der französischen Revolution.

4. Karl Rahner

Auf eine, wie mir scheint, ungewöhnliche Weise hat Karl Rahner SJ das Verhältnis von Theologie und Literatur beeinflußt. Zunächst fragt man sich, was er selbst denn gelesen habe. Rudimentäres gibt es im ersten Versuch biographischer Hinweise: »Karl Rahner. Bilder eines Lebens«[53], in dem Zeitgenossen zu Wort kommen. Im Elternhaus Karl Rahners - der Vater war Professor für Deutsch, Geschichte und Französisch - gab es wohl Bücher, und es wurde vermutlich über Bücher gesprochen; im Jugendzimmer jedenfalls, berichtet sein Mitschüler Frede, stand eine »ungewöhnlich reichhaltig ausgestaltete Bücherwand«. Als Realgymnasiast trat er dem »Quickborn« bei, wo er gewiß wieder mit Literatur in Verbindung kam. Ausdrückliches Interesse an Literatur zeigt nach dem Noviziat der Beitritt zum »Ästhetenclub«, in dem gerade intensiv über den Expressionismus (damals ein bevorzugtes Thema) diskutiert wurde.

Interessant ist eine im Rahner-Archiv in Innsbruck aufbewahrte, etwa 370 Titel umfassende Leseliste Rahners[54], die vermutlich die Zeit von Tisis über Valkenburg und seine Priesterweihe hinaus betrifft. Sie weist ein weitgespanntes Interesse aus für schöngeistige Literatur, Hagiographie, aber auch für spirituelle, philosophische und theologische Werke im strengen Sinn. Einige Hinweise: Muth, Kralik, Handel-Mazzetti, Klabund, Federer, Dörfler, Schaumann, Rosegger, Grogger, Oberkofler, Sorge, Undset, le Fort, Bernanos, Mauriac, Schnack, Werfel (auch ein Buch von Reimmichl ist dabei!), Stifter, Rilke, Dostojewski, Gogol, Tolstoi, Coudenhove, Hildebrand, Lippert, Denifle, Haecker, Przywara, Guardini, J.Bernhart, K.

---

[53] Karl Rahner. Bilder eines Lebens, hg.v.P.Imhof und H.Biallowons, Zürich-Freiburg i.Br. 1985.

[54] Vorläufige Inventarnummer Rahn IV, A, 46.

Adam, Karrer, Stonner, Kronseder, Verkade, Pfliegler, Soiron, William, Johannes vom Kreuz, Franz von Sales, Katharina von Siena, Ignatius von Loyola. Eine Reihe von Kirchenvätern scheinen auf; schließlich Nietzsche, Newman, Barth, Lietzmann usw. Auch Literatur in französischer Sprache findet sich: Bremond, Huysmans, Sertillanges, Pascal, Grandmaison, Blondel, Plus. Unerwartet gegen Ende der chronologisch geordneten Liste: Ernst Jünger »Der Arbeiter« und Adolf Hitler »Mein Kampf«. Der Aussagewert der Liste ist aber doch sehr unbestimmt: Ist sie vollständig? Hat Rahner diese Bücher wirklich gelesen oder nur »angelesen«, wie hat er sie bewertet?
Über die Bedeutung eines Buches wissen wir genau Bescheid: »Im dritten Jahr meines Philosophiestudiums in Pullach las ich mit außerordentlichem Eifer und großer Genauigkeit das fünfte Buch von J. Maréchal, 'Le point de départ de la métaphysique' ... Während dieser Lektüre, so glaube ich, bin ich zum ersten Mal in einer persönlicheren und mich fesselnden Weise mit Thomas, natürlich vermittelt durch die Maréchal' sche Methode, zusammengekommen.«[55] Hier hatte die transzendentale Methode im philosophisch-theologischen Denken Karl Rahners eine wichtige Wurzel.
In der Freiburger Zeit hat Rahner sich gewiß in Heideggers Schrifttum eingelesen; dieser hatte wohl auf sein philosophisches Denken Einfluß, kaum aber auf sein theologisches. Eine Vorlesung Heideggers über Hölderlins Hymnen »Germanien« und »Der Rhein« hatte - so Max Müller[56] - keine Bedeutung für Rahners Arbeit. Aus seiner Wiener Zeit ist über spezielle Lektüre schöngeistiger Literatur nichts bekannt. Sicher aber war er mit an Literatur interessierten Persönlichkeiten im Gespräch,

---

[55] Karl Rahner im Gespräch mit Jan van den Eijnden, Innsbruck 1982, in: Glaube in winterlicher Zeit, hg. v.P.Imhof u.H.Biallowons, Düsseldorf 1986, 51.

[56] Vgl. K.Rahner, Bilder eines Lebens, a.a.O., 29.

mit Otto Mauer vor allem. Dieser hatte für sich eine neue Sprache der Verkündigung gefunden, aber auch Kontakt zu Dichtern und Künstlern. Schon während des Krieges hatte Mauer uns in Wien die mehrmalige Begegnung mit Werner Bergengruen und nach dem Krieg mit Edzard Schaper (der der »Theologie des Wortes« die »Theologie des Martyriums« an die Seite gestellt wissen wollte) und die mit Reinhold Schneider kurz vor dessen Tod vermittelt. Karl Strobl und Diego Hanns Goetz, Leopold Soukup sind zu nennen, immer wieder waren auch Begegnungen mit Przywara möglich. Vor allem aber hat Ignaz Zangerle die Frage gestellt, was Dichtung und was christliche Dichtung sei und auch davon gesprochen, daß es eine »nach oben offene« - eine »anonym christliche« - Dichtung gebe und eine nach oben verschlossene.[57]

Es ist wohl auch sicher, daß Karl Rahner schon damals Interesse an Sprachphilosophie hatte; sein ebenfalls in Wien wirkender befreundeter Mitbruder Alois Lieske (mit dem zusammen er eine Dogmatik schreiben wollte) hat in Gesprächen die Wichtigkeit dieses Themas immer wieder betont.

In den Jahrzehnten nach dem Zweiten Weltkrieg wird Karl Rahner bei seiner unerhört intensiven theologischen Tätigkeit (als Dogmatikprofessor in Innsbruck, als Professor für Religionsphilosophie und christliche Weltanschauung in München und wieder Dogmatikprofessor in Münster, als Peritus im Zweiten Vatikanischen Konzil, als theologischer Schriftsteller, als gesuchter Vortragender in europäischen Ländern, aber auch in Nordamerika) kaum Zeit gefunden haben, sich viel mit Literatur außerhalb seines Faches zu befassen.

Dennoch gibt es einige interessante Details: Wir sind über eine Begegnung Karl Rahners mit Heinrich Böll informiert, der schreibt: »Karl Rahner bin ich nur einmal begegnet - anläßlich

---

[57] Vgl. I.Zangerle, Die Bestimmung des Dichters, Freiburg 1949, bes. 97.

des Plans, gemeinsam eine Schallplatte zu machen, auf der er über die Eucharistie sprach und mein Hörspiel 'Klopfzeichen' aufgenommen wurde. Er war einer der wenigen Menschen, der sich für jedes Buch, das ich ihm dedizierte, bedankte, einige Sätze dazu schrieb - Sätze, die mir den Eindruck gaben, er fände in der Literatur manches besser, klarer ausgedrückt und auch dargestellt, als es in der Philosophie und Theologie möglich war...
Es muß ihn geschmerzt haben, daß seine Kirche sich so weit von Kunst und Literatur entfernt hatte, beide - Literatur und Kunst von ihr -, daß es keine gemeinsame Heutigkeit mehr gab, das kirchlich Genehme zur Erbauung und Devotionalie verkam, das Risiko, das Sich-Einlassen aufs Heutige gescheut wurde. Es hat mich schmerzlich berührt, daß er irgendwo in einem Interview gesagt hat, ich habe - oder hätte! - ihm gegenüber Wohlwollen gezeigt. Es war Respekt und Verehrung, was ich für ihn empfand. Ich nehme das Wohlwollen als Ausdruck seiner trockenen Ironie.«[58]
Rudolf Ruby, der Inhaber der Schallplattenfirma, bemerkte zu Vorgrimler, »die beiden hätten kaum miteinander geredet, sondern sich vielmehr vorsichtig von der Seite her angeschaut.«[59] Vorgrimler meinte: »Heinrich Böll fühlte sich angerührt von diesem Rahner.« Aus dem entstandenen Briefwechsel Böll - Rahner wurde ein - herrlicher - Brief zugänglich gemacht, der die Zeichen des Gelesenhabens von Bölls Band »Die Verwundung und andere Erzählungen« (Erinnerungen an die schreck-

---

[58] Vgl. K.Rahner, Bilder eines Lebens, a.a.O., 97 f.

[59] Vgl. H.Vorgrimler, Heinrich Böll und Karl Rahner. Fragmente einer Erinnerung für Ludwig Kaufmann, der beide geschätzt hat und der Recht und Grenzen einer »oral history« kennt, in: Biotope der Hoffnung. Zu Christentum und Kirche heute, Olten 1988, 288 f.

lichen 40er Jahre) trägt.[60]
H.Vorgrimler berichtet auch über ein Interview mit Heinrich Böll, das im Heft 4/69 der »Internationalen DIALOGzeitschrift« abgedruckt wurde. Es ging um den »Wort-Kontinent Gott«.[61] Bölls Frage in diesem Interview, ob wir das Wort Gott nicht eine Weile in Ruhe lassen sollten, veranlaßte Karl Rahner zu seiner »Meditation über das Wort Gott«, eine »noch immer wichtige Antwort«.[62] Mit Heinrich Böll im Zusammenhang steht auch eine »geplatzte« Festschrift[63], die J.B. Metz und H.Vorgrimler zu Karl Rahners 70. Geburtstag 1974 geplant hatten. Die Begegnung Bölls mit Rahner mag für Bölls Situation nicht bedeutungslos gewesen sein, wenngleich ihn seine Kritik an der konkreten Kirche der BRD schließlich Ende der 70er Jahre doch zum Kirchenaustritt veranlaßte.[64] Im übrigen hatte Böll mit seinen Beobachtungen über Rahners Sprachbemühungen wohl recht; diese wurden 1973 von der deutschen Akademie für Sprache und Dichtung durch die Verleihung des Sigmund Freud Preises für wissenschaftliche Prosa anerkannt: »Karl Rahner, der Meister des literarischen Wortes, hat ein neues Gehör für das Wort der Religion ermöglicht.«[65]
Ein schriftstellerisches Werk jedoch verfolgte Karl Rahner lange Zeit hindurch: das von Luise Rinser. Zu ihrem 65. Geburtstag hielt er die Laudatio unter dem Titel »Von der Größe und dem Elend des christlichen Schriftstellers«.[66] Seine

---

[60] Vgl. Karl Rahner, Bilder eines Lebens, a.a.O., 97.

[61] Vgl. H.Vorgrimler, a.a.O., 189 f.

[62] Ebd., 290 f.

[63] Ebd., 293-297.

[64] M.Nielen, Frömmigkeit bei Heinrich Böll, Annweiler 1987, bes. 27-29.

[65] Karl Rahner, Bilder eines Lebens, a.a.O., 98.

[66] K.Rahner, Von der Größe und dem Elend des christlichen Schriftstellers, in: Herausforderung des Christen, Freiburg i.Br. 1975, 96-108.

Hauptaussage war theologisch akzentuiert: Im Gesamt des Rinser'schen Werkes werde immer deutlicher, »wie der Mensch sein müsse und könne, der heil ist oder genauer: wenigstens entschlossen sich zu diesem Heilsein auf den Weg macht«. Es sei bedauerlich, daß in diesem Sinn »engagierte Literatur« in Mißkredit sei und leicht »literarische Ranglosigkeit« impliziert werde. Um beachtet zu werden, sei der »Triumph der Gnade im Bereich der Sündenmystik« erforderlich. Die in diesem Sinn »engagierten Kritiker« werden merkwürdigerweise nicht in Zweifel gezogen. Das war - 1967 - nicht gern gehört. Es ist interessant, daß Rahner in diesem Zusammenhang eine 1950 in einem Artikel »Situationsethik und Sündenmystik«[67] gemachte Aussage wieder aufgreift. Damals schrieb er: »Wenn uns - besonders im modernen katholischen Roman - geschildert wird, wie die Gnade auch den Verlorenen noch findet, so wollen wir das dankbar als ein Echo des Evangeliums lesen. Wir wollen uns aber auch gleichzeitig gegen das Mißverständnis dieses Echos wappnen und wehren, als sei das christliche Dasein in solcher Rettung allein und adäquat beschlossen.«

Wie steht's nun tatsächlich mit Karl Rahner und der Literatur? Der lange im selben Haus neben Rahner lebende Josef Sudbrack meint: Er liebte Poesie, und Herbert Vorgrimler, der ihm jah-relang persönlich nahestand, glaubt sagen zu können, daß ihm moderne Literatur immer sehr wichtig gewesen sei. Eine Schwierigkeit zu eruieren, was Karl Rahner außerhalb der Fachliteratur wirklich gelesen hat, ergibt sich nicht zuletzt dadurch, daß er als Ordensmann solche Bücher nicht in seiner Arbeitsbibliothek behielt, sondern sie entweder verschenkte

---

[67] Vgl. K.Rahner, Situationsethik und Sündenmystik, in: Stimmen der Zeit 148 (1950) 330-342, bes. 342. Rahner hatte in diesem Zusammenhang keine Namen genannt. Von Balthasar jedoch verband mit Rahners »Sündenmystik« Graham Greene und le Forts »Kranz der Engel«, in: H.U. von Balthasar, Der Christ und die Angst, a.a.O., 65 f.

oder in die Hausbibliothek gab.

Was das Originelle an Karl Rahners Mitgestaltung des Verhältnisses von Theologie und Literatur betrifft, so liegt es an einer Reihe publizierter Referate zu dem Thema. Gemeinsam ist diesen allen, daß Rahner sich immer auf seine theologische Kompetenz berufen und sich eine literaturwissenschaftliche abgesprochen, daß er kaum jemals seine Thesen durch Beispiele belegt hat, und schließlich, daß die meisten der Beiträge um die 60er Jahre entstanden sind, in denen die ganze Fragestellung gerade von Seiten der Literatur her relevant wurde. Die Erhebung der Aussagen der Arbeiten Rahners, in denen das Verhältnis von Theologie und Literatur berührt wird, kann hier nicht geschehen, weil nicht verkürzt werden darf. Der bedeutendste Beitrag ist wohl »Der Auftrag des Schriftstellers und das christliche Dasein«.[68]

Rahner stellt zwei Grundthesen auf. Die erste: »Der Autor als solcher steht unter dem Gnadenruf Christi und hat so ein Christ zu sein. Die Autorschaft ist ein christlich relevantes Tun des Menschen«. Die zweite These ist eine Entfaltung der ersten: »Ein Autor kann in berechtigter Weise auf verschiedene Art Christ« sein: der »redlich Regionale«, der »betroffen überfragte Mensch, der als offene Frage sagt, was er erfährt«, der »anonyme Vollchrist«, der »sich mißverstehende katholische Nichtkatholik«, der »explizit katholische Autor«. Unausgearbeitet bleibt eine dritte These: »Der Autor ist ... von einem christli-

---

[68] Vgl. Schriften zur Theologie, Bd.7, Einsiedeln 1966, 386-400; diese geringfügig geänderte Publikation beruht auf K.Rahner, Über den Buchautor, in: Werke und Jahre 1937-1962. Otto Müller-Verlag, Salzburg 1962, 66-86, eine Arbeit, die erstmals 1959 als Referat gehalten worden war. - N.Schwerdtfeger hat mit Gnade und Welt. Zum Grundgefüge von Karl Rahners Theorie der 'anonymen Christen', Freiburg i.Br. 1982, unter Begleitung von Karl Lehmann die inzwischen wohl gründlichste Auseinandersetzung mit dem außerordentlich viel behandelten Thema geleistet. Auch »Urworte« wurde bedacht (235-238) und eine Verbindung zur »Theologie des Symbols« hergestellt.

chen Maßstab her beurteilbar und kritisierbar. - Ein solcher Maßstab ist dem Wesen und Werk des Autors nicht äußerlich, sondern von innen her mitgegeben.« Es ist offensichtlich, daß Rahner mit seinen Überlegungen mitten in seinem Theologumenon vom »anonymen Christentum« und vom »anonymen Christen« steht.
In zwei anderen Arbeiten - »Priester und Dichter«[69] und auch in etwa »Das Wort der Dichtung und der Christ«[70] - geht es Karl Rahner um das Phänomen der »Urworte« als die »einenden Worte« im Gegensatz zu den »Nutzworten«, die »trennen«.
Vermutlich geht auch hier eine theologische Linie weiter (nicht nur zu Rahners Theologie der Herz Jesu-Verehrung, sondern auch) zur »Theologie des Symbols«,[71] der man für Rahners Theologie eine große Bedeutung zuschreibt. Während in diesen Arbeiten unter Literatur vor allem Dichtung verstanden wird, gibt es auch noch solche, in denen Literatur im weiteren Sinn gemeint ist. Dazu gehören: »Pfarrbücherei. Zur Theologie des Buches«[72] und »Die Zukunft des religiösen Buches«[73].
Letzten Endes geht es Rahner in allen diesen Publikationen immer wieder darum, Literatur, insbesondere Dichtung, in Verbindung zu bringen mit dem fleischgewordenen Wort, mit dem Heil des Menschen und der Botschaft des Wortes. Daraus leitet er die letzte Verantwortung des Autors, Buchvermittlers, Kritikers, Lesers ab.[74]

---

[69] Vgl. Schriften zur Theologie, Bd. 3, Einsiedeln 1959, 349-375.

[70] Vgl. Schriften zur Theologie, Bd. 4, Einsiedeln 1960, 441-454.

[71] Ebd., 275-311.

[72] Vgl. Sendung und Gnade. Beiträge zur Pastoraltheologie, Innsbruck 1959, 464-483.

[73] Vgl. Schriften zur Theologie, Bd. 7, a.a.O., 511-515.

[74] Eine Biographie Karl Rahners wird wohl noch lange nicht erstellbar sein. Doch

5. Ertrag

In den vier Jahrzehnten, die überlegt wurden, entwickelte sich immer deutlicher eine ganzheitliche Sicht, philosophisch, theologisch und spirituell gesehen, geglaubt, gedacht und gedichtet: Geist und Fleisch, Kosmos und Geschichte, Geschichte und Heilsgeschichte, heilige Kirche aus Sündern, der Christ nicht von der Welt, aber für die Welt, Heil für alle, Wort Gottes und Wort der Menschen, Theologie des Wortes und Theologie des Martyriums, Alter und Neuer Bund, erlöste Schöpfung, gekreuzigte Freude, Schon und Noch-Nicht, Du in mir und ich in Dir, Bleiben, Analogie, Dialog u.a.m. Zugleich aber gibt es den »Abgrund«, etwa bei Erich Przywara und den meisten christlichen Dichtern unübersehbar.

Theologen haben über das Verhältnis von Theologie und Literatur reflektiert. Zeugnis dafür ist die Tatsache, daß sich in »Bilanz der Theologie im 20. Jahrhundert« ein Kapitel »Der Theologe angesichts der Entwicklung der Literatur und des Menschenbildes« findet, von Charles Moeller[75] sehr kundig und aspektreich erstellt. Vom Theologen verlangt er, daß er literarische Texte »richtig zu lesen« imstande sein muß, d.h. »unter Respektierung von 'Sinn-Stufen', die sich einer religiösen Sicht erschließen«. Als Hilfe bietet Moeller an, die Erhebung im

---

die Einführung in Rechenschaft des Glaubens. Karl Rahner-Lesebuch, hg. v.K. Lehmann u.A.Raffelt, Benzinger - Freiburg i.Br. 1979, von K.Lehmann bietet ein theologisches Portrait Karl Rahners, dem gegenüber der Leser sich gern aufschließen mag ebenso wie der getroffenen Textauswahl. Vgl. auch H.Vorgrimler, Karl Rahner verstehen. Eine Einführung in sein Leben und Denken, Freiburg i.Br. 1985 und Karl Rahner, Bekenntnisse. Rückblick auf 80 Jahre, hg. v.G. Sporschill SJ, Wien 1984.

75 Vgl. Bilanz der Theologie im 20. Jahrhundert. Perspektiven, Strömungen, Motive in der christlichen und nichtchristlichen Welt, hg. v.H.Vorgrimler u. R. van der Gucht, Bd. 1, Freiburg i.Br. 1969, 108-145, bes. 135. Bedauerlich ist, daß die ausgezeichnete Arbeit sich fast ausschließlich auf französische und englische Literatur bezieht.

wesentlichen auf drei Ebenen zu vollziehen: »auf der Ebene der Analyse der klar formulierten Themen, der Ebene der Aufhellung der Grundmotive, der Ebene der Aufdeckung der Grundsymbole, die, mögen sie fehlen oder da sein, dem Werk seine letzte Bedeutung verleihen.«

Um die 60er Jahre wurde eine - sich schon früher abzeichnende »Wende« im Verhältnis von Theologie und Literatur sichtbar. Die Gründe sind tiefgreifend und mannigfaltig. Die Führung im Gespräch verlagerte sich von den Theologen zu den Literaturwissenschaftlern und Schriftstellern.
1959 veranstaltete die Katholische Akademie in Bayern eine Tagung unter dem Titel »Was ist das Christliche in der chistlichen Literatur?«[76] Referenten waren W.Grenzmann, H.Kunisch, C.Hohoff, H.E.Holthusen und A.Winklhofer. Als Ergebnis wurde damals festgehalten, daß man zwar die entscheidenden Aspekte erarbeitet hatte, es aber nicht gelungen war, auf ein einziges und absolutes Kriterium für das Christliche in der christlichen Literatur zu kommen.
1958 veröffentlichte H.Linnerz im »Echo der Zeit« Beiträge zur Frage »Gibt es heute christliche Dichtung?«[77], die er dann 1960 - erweitert - in Buchform herausgab. Anstoß war ein Beitrag von Heinrich Böll, der die Existenz eines katholischen Romans für eine »rührende, doch leider unzulässige Vorstellung« hielt. »Ist die christliche Literatur zu Ende?«[78] war 1966 das Thema der Regensburger Tagung der Katholischen Akademie in Bayern. »Die christliche Literatur ist zu Ende«, sagt Werner

---

[76] Vgl. Studien und Berichte der Kath. Akademie in Bayern, Heft 12, München 1960.

[77] Recklinghausen 1960.

[78] Vgl. Moderne Literatur und christlicher Glaube. Studien und Berichte der Kath. Akademie in Bayern, Heft 41, hg. v. F.Heinrich, München 1967, 129-146.

Ross, formuliert aber gleichzeitig vorsichtiger: »Es scheint, daß es mit einer bestimmten Form christlicher Dichtung zu Ende sei.« Das Ende der Epoche, meint Ross, signalisierten Heinrich Bölls »Ansichten eines Clowns« und Graham Greenes »Ein ausgebrannter Fall«. Beide Autoren verbindet übrigens die Abneigung, als »katholische Schriftsteller» bezeichnet zu werden.

In wenigen Jahren führten verschlungene Wege zu einer neuen Befragung des Verhältnisses von Dichtung und Theologie, von Dichtern und Theologen.[79] Wer sich auf Spurensuche macht und wer dem ästhetischen und dem theologischen Gehalt der Texte treu nachgeht, der findet sich auf Spurensuche nach dem Glauben: nach Gott, nach Jesus von Nazareth, und er wird auch die Bibel entdecken - verfremdet, provozierend, auch identifizierend.

NACHTRAG:

Der vorliegende Beitrag erschien erstmals unter dem Titel: »Theologen und Schriftsteller im Gespräch. Impressionen und Reflexionen in Zeitgenossenschaft«, in: J. Figl und E. Waldschütz (Hgg.), Ganzheitliches Denken. Festgabe für Augustinus K. Wucherer-Huldenfeld zum 60. Geburtstag, Wien 1989, 127-146. Den Herausgebern der Festschrift sei für die Erlaubnis einer erneuten Veröffentlichung gedankt.

---

79 Vgl. dazu u.a.: Theologie und Literatur. Zum Stand des Dialogs, hg. v.W.Jens, H. Küng u. K.-J. Kuschel, München 1986. (Dokumentation des Tübinger Symposions 1984 »Theologie und Literatur«. Möglichkeiten und Grenzen eines Dialogs im 20. Jahrhundert), und: Die Bibel im Verständnis der Gegenwartsliteratur, hg. v. J.Holzner und U.Zeilinger, St.Pölten 1988 (Dokumentation des Innsbrucker Symposions 1986 »Die Bibel im Verständnis der Gegenwartsliteratur«).

EDITION CARDO

Studien des Patristischen Zentrums Koinonia - Oriens
Herausgegeben von Wilhelm Nyssen und Michael Schneider

I	Wilhelm Nyssen, Der Weg des Herrn. Nach Worten des Alten Bundes, Olten 1974.
II	Henning Günther, Walter Benjamin. Zwischen Marxismus und Theologie, Olten 1974.
III	Alexander Schmemann, Aus der Freude leben. Ein Glaubensbuch der orthodoxen Christen, Olten 1974.
IV	Michael Schneider, Lectio divina. Leben mit der Heiligen Schrift, Köln 1997.
V	Michael Schneider, Mystik. Zwischen Denken und Erfahrung, Köln 1997.
VI	Paul Deselaers, Das »Geistliche Jahr« der Annette von Droste-Hülshoff. Köln 1997.
VII	Michael Schneider, Eucharistie. Leben aus dem Mysterium des Glaubens, Köln 1997.
VIII	Michael Schneider, Athos. Der Heilige Berg, Köln 1997.
IX	Lothar Heiser, Natur und Tiere in frühchristlicher Deutung. Köln 1997.
X	Michael Schneider, Amtskirche auf dem Prüfstand. Köln 1997.
XI	Wilhelm Nyssen, Der Sinn des Johannes. Köln 1997.
XII	Wilhelm Nyssen, Die theologische und liturgische Bedeutung der Ikone. Köln 1997.
XIII	Wilhelm Nyssen, Das prophetische Buch der Apokalypse. Köln 1997.
XIV	Anthony Bloom, Gegenwärtigkeit. Eine Nachschrift von Wilhelm Nyssen. Mit einer Einführung von Michael Schneider, Köln 1997.
XV	Wilhelm Nyssen, Theologie des Bildes. Köln 1998.

XVI Michael Schneider, Jahreskranz der Güte Gottes. St. Ottilien 1998.

XVII Michael Schneider, Geistliche Freundschaft. Köln 1998.

XVIII Michael Schneider, Unterscheidung der Geister. Köln 1998.

XIX Michael Schneider, Zur Frage nach dem Leid. Köln 1998.

XX Michael Schneider, Stationen auf dem Weg zu Gott. Köln 1998.

XXI Michael Schneider, Sakrament des Alltags. Köln 1998.

XXII Michael Schneider, Der verborgene Gott. Köln 1998.

XXIII Michael Schneider, Standortbestimmung Priesterausbildung heute. Köln 1998.

XXIV Michael Schneider, Die Wende um 1200. Der neue Weg der abendländischen Theologie und Spiritualität, Köln 1999.

XXV Michael Schneider, Umkehr zur Zukunft. Theologische und praktische Überlegungen zum Bußsakrament, Köln 1999.

XXVI Michael Schneider, Maria - Kirche im Ursprung. Köln 1999.

XXVII Michael Schneider, Leben in Fülle. Köln 1999.

XXVIII Michael Schneider, Bekehrung als Grundvollzug christlicher Existenz. Köln 1999.

XXIX Michael Schneider, Leben aus dem Gebet. Köln 1999.

XXX Michael Schneider, Instrumentarium geistlichen Lebens. Köln 1999.

XXXI Michael Schneider, Das immerwährende Gebet. Köln 1999.

XXXII Michael Schneider, Zum Beten mit den Psalmen. Köln 1999.

XXXIII Michael Schneider, Wegmarken. Köln 1999.

XXXIV Michael Schneider, Weihnachten und Epiphanie. Köln 1999.

XXXV Michael Schneider, »Christus ist unsere Logik!« Zur Verhältnisbestimmung von Theologie und Nachfolge bei Bonaventura. Köln 1999.

XXXVI Margarete Schmid, Erich Przywara SJ (1889-1972). Köln 1999.

XXXVII Michael Schneider, In der Schule der Mönchsväter. Köln 1999.

XXXVIII Michael Schneider, Der Lasterkatalog. Zum Umgang mit Krisen und Versuchungen im geistlichen Leben, Köln 1999.

XXXIX Michael Schneider, Homo viator. Zur biographischen Grundstruktur des Glaubensweges, Köln 1999.

XL Erzbischof Lutfi Laham, Einübung in den geistlichen Weg der Chrysostomus-Liturgie, Köln 1999.

XLI Michael Schneider, Akedia. Lebenskrisen in der Deutung des Glaubens, Köln 2000.

XLII Michael Schneider, Theologie und moderne Literatur. Eine Verhältnisbestimmung, Köln 2000.

XLIII Michael Schneider, Zur Frage nach Gott in der modernen Literatur. Köln 2000.

XLIV Margarete Schmid, Theologen der Gegenwart im Gespräch mit der modernen Literatur. Köln 2000.

XLV Michael Schneider, Julius Tyciak (1903-1973). Ein Wegbereiter im Gespräch mit den Kirchen des Ostens, Köln 2000.

XLVI Michael Schneider, Auf neuen Wegen zur Ikone. Zum Werk von W. Zagorodnikow und A. Jawlensky, Köln 2000.

XLVII Erzbischof Lutfi Laham, Die Chrysostomus-Liturgie. Eine Hinführung und Erklärung, Köln 2000 (Kurzfassung von Bd. XL).

XLVIII I. Hermanns, Werke der Kirchenmusik in ihrer Bedeutung für den Glauben. Köln 2000.

IL Michael Schneider, Theologia tenebrarum. Zur Gottesfrage bei Reinhold Schneider und Erich Przywara, Köln 2000.

L Michael Schneider, Zur Geschichtstheologie Reinhold Schneiders, Köln 2000.

LI Michael Schneider, Kontemplativ leben in der heutigen Welt. Köln 2000.

LII Michael Schneider, Die Bedeutung der Eucharistie im Leben des heiligen Ignatius von Loyola. Köln 2000.

Die Schriften der Reihe EDITION CARDO sind zu beziehen über den Buchhandel und zu bestellen über das Institut für Dogmen- und Liturgiegeschichte, Offenbacher Landstraße 224, D-60599 Frankfurt am Main (FAX 069-5076992). Weitere Informationen über www.kath.de/Patr.Zentrum.